Liebe Eltern,

jedes Kind ist anders. Eines kennt bereits alle Buchstaben in der Vorschule und kann sie zu Wörtern formen. Ein anderes lernt das Abc beim Eintritt in die Schule. Für das spätere Leseverhalten ist das völlig unerheblich. Wichtig aber ist der Spaß am Lesen – und zwar von Anfang an. Darum muss sich die konzeptionelle Entwicklung von Lesetexten an den unterschiedlichen Lernentwicklungen der Kinder orientieren. Unser Bücherbär-Erstleseprogramm umfasst deshalb verschiedene Reihen für die Vorschule und die ersten beiden Schulklassen. Sie bauen aufeinander auf und holen die Kinder dort ab, wo sie sind.

Die Bücherbär-Reihe **Kleine Geschichten** richtet sich an Leseanfänger im zweiten Halbjahr der 1. Klasse. Die kurzen Geschichten rund um ein beliebtes Thema sind besonders gut zum allererstens Selberlesen.

Anna Lott
Lustige Tiergeschichten

Dieses Buch gehört:

_____

Anna Lott

hat lange beim öffentlich-rechtlichen Rundfunk
gearbeitet, bevor sie sich voll und ganz dem Schreiben
und Erfinden von Geschichten widmete. Sie lebt mit ihrer
Familie und zwei Meerschweinchen in Bremen.

Julian Meyer

wurde 1983 in der Lüneburger Heide geboren. Nach dem
Abitur und einer Tischlerlehre studierte er in Münster Illustration.
Seine Lieblingstiere sind Elefanten, echte und erfundene. Wenn
er die nicht gerade in Kinderbücher zeichnet, wandert er
in den Bergen. Julian Meyer lebt mit seiner Familie und
einem Stoffelefanten in Kassel.

Anna Lott

Lustige Tiergeschichten

Mit Fragen zum Leseverständnis

Bilder von Julian Meyer

1. Auflage 2018
© Arena Verlag GmbH, Würzburg 2018
Alle Rechte vorbehalten
Einband und Illustrationen: Julian Meyer
Gesamtherstellung: Westermann Druck Zwickau GmbH
ISBN 987-3-401-71185-0

www.arena-verlag.de

Inhalt

Mit Vollgas über die Autobahn

Familie Rennmaus hat es eilig.
Sie wollen
Tante Renate besuchen.
Denn heute ist ihr Geburtstag.
Aber das Auto fährt ganz langsam.
Das liegt bestimmt
an den schweren Geschenken.
Papa Rennmaus jammert:
„Wir kommen zu spät!"

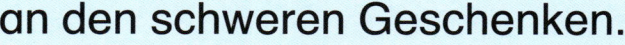

Die kleine Rosa heult:
„Dann bekommen wir
keine Torte!"
„Und auch keine Kekse!",
brüllt ihr kleiner Bruder Rudi.
Mama Rennmaus hat
eine Idee:
„Wir werfen die Geschenke ab.
Dann sind wir schneller!",
schlägt sie vor.
„Wer ist dafür?", fragt Mama
und hebt begeistert ihren Arm.
Alle anderen sind dagegen.

Nun macht Papa Rennmaus
einen Vorschlag:
„Wir lassen das Auto stehen
und rennen zu Tante Renate.
Dann sind wir viel schneller."
„Wer ist dafür?", fragt Mama.
Aber nur Papa Rennmaus meldet sich.
Alle anderen sind dagegen.
Plötzlich bremst Mama Rennmaus.
„Puh, das war knapp!",
stöhnt Papa Rennmaus.
Mitten auf der Autobahn
steht Herr Elefant.

„Hallo!", grüßt Herr Elefant.
„Ich bin auf dem Weg
nach Amerika.
Kann ich bei euch mitfahren?"
„Unser Auto ist leider voll",
sagt Papa Rennmaus.
„Aber auf unserem Dach
ist doch noch Platz!",
ruft Rosa.

„Wer ist dafür,
dass Herr Elefant mitfährt?",
fragt Rudi Rennmaus.
Mama und Papa sind dagegen.
Aber die Mäusekinder
heben begeistert ihre Arme.
Und auch Herr Elefant
findet die Idee klasse.
Also darf Herr Elefant mitfahren.
Er macht es
sich auf dem Dach gemütlich.
Aber jetzt kommt das Auto
gar nicht mehr vom Fleck.
Oh nein!
Herr Elefant seufzt.
Plötzlich macht das Auto
einen Satz nach vorne.

„Was war denn das?",
fragt Papa Rennmaus erstaunt.
Herr Elefant seufzt noch einmal.
Und schon wieder
saust das Auto ein Stück weiter.
„Herr Elefant pustet Luft
aus seinem Rüssel!", ruft Rosa.
„Wie ein Düsenantrieb!",
quiekt Rudi begeistert.

„Mach das noch einmal!",
bittet Papa Rennmaus.
„Gerne!", sagt Herr Elefant.
Er holt tief Luft,
dann pustet er kräftig.
Nun flitzen sie mit Vollgas
über die Autobahn
und kommen pünktlich
bei Tante Renate an.
Dort gibt es Kekse und Torte.
Auch für Herrn Elefant.
Der möchte nämlich
erst morgen
nach Amerika.

Warum ist das Auto
von Familie Rennmaus so langsam?

Der Familientausch

Familie Faultier
hängt im Baum
und schläft.
Nur Fred Faultier
ist nicht müde.
Er will lieber rennen
und spielen,
anstatt zu schlafen.
Vor allem möchte er
ein Abenteuer erleben!
„Mama, Papa, aufwachen!",
ruft Fred.
Doch Mama und Papa
schlafen weiter.

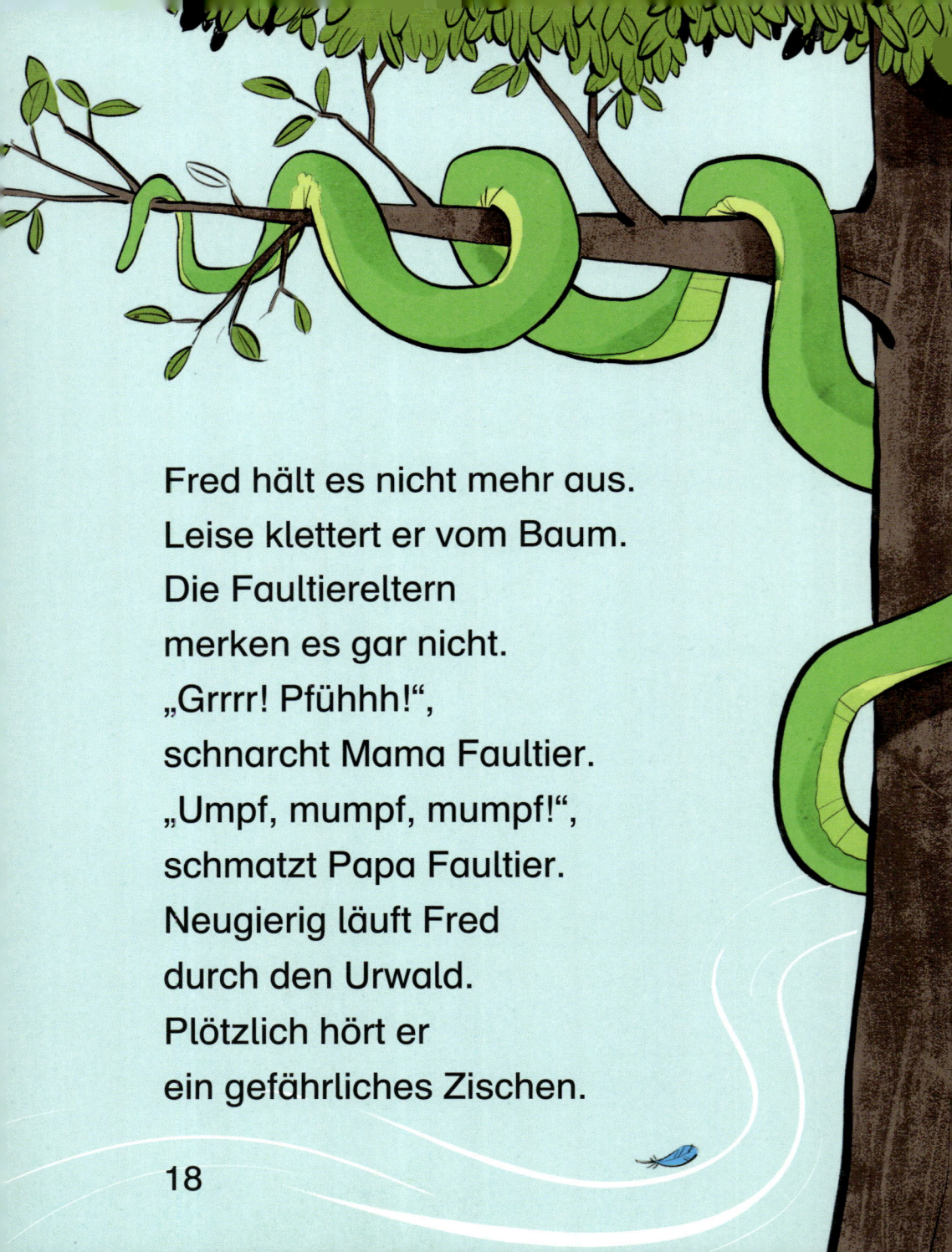

Fred hält es nicht mehr aus.
Leise klettert er vom Baum.
Die Faultiereltern
merken es gar nicht.
„Grrrr! Pfühhh!",
schnarcht Mama Faultier.
„Umpf, mumpf, mumpf!",
schmatzt Papa Faultier.
Neugierig läuft Fred
durch den Urwald.
Plötzlich hört er
ein gefährliches Zischen.

In den Zweigen
über seinem Kopf
hängt die Schlange Süni.
„Ssssei gegrüßßßßt",
zischelt sie.
Ach du Schreck,
nichts wie weg!, denkt Fred
und will schnell weiter.
Da spürt er einen Windzug
an seinem Ohr.
Was war denn das?

19

Völlig außer Atem
fliegt Kuno, der kleine Kolibri,
hinter seiner Familie her.
Er ruft:
„Wartet! Wartet auf mich!"
Erschöpft landet er
auf Freds Schulter.
„Meine Eltern fliegen immer
wie der Wind", stöhnt er.
„Das ist so anstrengend.
Wie gerne würde ich
stattdessen schlafen!"
Fred hat eine Idee.

„Lass uns doch
die Familien tauschen!",
schlägt er vor.
„Du schläfst
bei meiner Familie
im Baum.
Und ich flitze
mit deiner Familie
durch den Urwald."
„Einverstanden!",
piepst der kleine Kuno.

Kurze Zeit später
hängt der kleine Kolibri
neben Familie Faultier
an einem Ast im Baum.
Er schläft sofort ein.

Fred flitzt derweil
mit Familie Kolibri
durch den Wald.
Todesmutig springt er
über Giftfrosch Gisbert hinweg,
dreht Nasenbär Norbert
eine lange Nase
und hat keine Angst
vor niemandem.
Was für ein Spaß!

Doch plötzlich hängt wieder
die Schlange Süni
vor ihm vom Baum herab.
Sie öffnet ihr Maul.
Ihre scharfen Zähne blitzen.
„Süni will mich beißen! Hilfe!",
ruft Fred Faultier.
„Du musst laut kreischen!",
zwitschert Mama Kolibri.
„So erschreckst du sie!",
tschilpt Papa Kolibri.

24

Fred atmet tief ein.
Und dann kreischt er,
so laut und so schräg er kann.
Die Schlange Süni
schaut ganz erschrocken.
Damit hat sie nicht gerechnet.
Beleidigt verkriecht sie sich
wieder in den Blättern.
Fred grinst zufrieden.
Das muss er unbedingt
seinen Eltern erzählen.

Als Fred nach Hause kommt,
wachen Mama und Papa auf.
Sie freuen sich sehr,
als sie ihn sehen.
Auch der kleine Kuno freut sich.
„Gut, dass du kommst", piepst er.
„Es ist toll,
einen Tag im Baum zu schlafen.
Jetzt möchte ich aber
wieder fliegen."
Fred weiß genau,
was Kuno damit meint.

„Ich fand es auch toll", sagt er.
„Aber nun möchte ich
lieber schlafen."
„Sollen wir unsere Familien
bald wieder tauschen?",
fragt Kuno, der kleine Kolobri.
Doch aus der Krone des Baums
ist nur noch Schnarchen zu hören.
Fred Faultier ist
schon eingeschlafen.
Einverstanden ist er
sicherlich.

Warum ist Fred Faultier
am Ende des Tages so müde?

Eine einfache Lösung

Der Frosch ist neu
in der Klasse.
Er ist viel größer
als die Hummel, die Schnecke
und der Marienkäfer.
Damit die anderen
etwas sehen können,
muss er hinten sitzen.

Doch von dort aus
kann der Frosch
gar nicht erkennen,
was an der Tafel steht.
„Der Mund hat Mut
und fliegt ins All", liest er vor.
An der Tafel steht aber
etwas ganz anderes.

Die Hummel brummt garstig:
„Du kannst ja gar nicht
richtig lesen!"
Die Schnecke kichert:
„Du bist zwar groß,
aber für die Schule
bist du viel zu klein!"
Und der Marienkäfer
lacht ihn ebenfalls aus.
Dabei wackelt
sein runder Bauch
wie ein Wackelpudding.

Da wird der Frosch wütend.

„Ihr seid gemein!", schimpft er.

„Ich sitze viel zu weit hinten.

Deshalb kann ich nicht sehen,

was an der Tafel steht!"

Also darf der Frosch nun

vorne sitzen.

Aber jetzt können die anderen

nichts sehen.

Darum beschließt die Lehrerin:

„Alle sitzen in der ersten Reihe."

Nun ist es ein bisschen eng,
aber sehr gemütlich.
Doch der Frosch
liest noch immer falsch vor:
Der Wurm ist schöner
als die Maus.

Die Lehrerin fragt ihn:
„Kannst du gar nicht lesen?"
„Doch, aber die Buchstaben
sind zu klein", sagt der Frosch.
Da weiß die Lehrerin,
was los ist.

„Frosch, ich glaube,
du brauchst eine Brille!",
stellt sie fest.
Also bekommt der Frosch
eine Brille.
Damit sieht er super aus,
und er kann alles richtig lesen.
Stolz liest er laut vor:
„Fischers Frosch
frisst frische Fliegen!"
„Hurra!", rufen die anderen.
Nun möchten alle Tiere
die Brille aufsetzen.
Plötzlich ist alles falsch,
was sie vorlesen.
Die Hummel liest
„Klo" statt „Floh",
und alle lachen sie aus.

So ist es also,
wenn man die Buchstaben
nicht erkennen kann!
Die Hummel, die Schnecke
und der Marienkäfer
entschuldigen sich beim Frosch.
Es tut ihnen leid,
dass sie über ihn gelacht haben.
Jetzt kann der Unterricht
endlich beginnen.

Warum kann der Frosch
nicht gut lesen?

Der fliegende Pinguin

Pina Pinguin möchte fliegen.
Aber ihre Flügel sind zu kurz.
Sie kann schwimmen und tauchen,
aber fliegen kann sie nicht.
Ein richtiger Vogel
gehört in den Himmel!, denkt sie.
Also klettert Pina
auf einen hohen Eisberg.
Kaum ist sie oben angekommen,
springt sie in die Luft.
Dabei flattert sie
mit ihren kleinen Flügeln.
„Ich fliege!", ruft sie fröhlich.

Doch, oje!
Im nächsten Moment
landet sie auf ihrem Bauch,
schlittert wie ein Rennschlitten
den Eisberg hinab
und landet
mit einem lauten „Platsch"
im Meer.

Enttäuscht klettert Pina
zurück auf eine Eisscholle.
Plötzlich hört sie über sich
ein Rauschen.
Es ist Adrian Albatros.
Elegant gleitet er
durch die Luft.
Pina ruft zu ihm hinauf:
„Wie machst du das?"
„Na so!", antwortet Adrian
und schlägt kräftig
mit seinen langen Schwingen.
Da hat Pina eine Idee.
Sie braucht längere Flügel!

Sie fragt Adrian:
„Gibst du mir deine Flügel?"
Der Albatros lacht.
„Meine Flügel kann ich dir
nicht geben", ruft er hinab.
„Aber ein paar Federn
kannst du haben.
Daraus kannst du
dir Flügel bauen."
Und gleich schüttelt er sich.
Zwei große Federn
schweben langsam hinab
zu Pina.

Daraus baut sie sich Flügel.
Adrian hilft ihr dabei.
Als sie fertig sind,
erklimmt Pina erneut
den hohen Eisberg.
Sie breitet
ihre großen Flügel aus
und springt in die Luft.
Und tatsächlich: Pina fliegt!
„Hurra!", ruft Pina.
Doch, oje!
Schon wieder stürzt sie
mit einem gewaltigen „Platsch"
ins Meer.
Die Flügel schwimmen davon.
Wütend ruft sie:
„Ich will fliegen! So wie du!"

Adrian grübelt,
dann sagt er: „Wie wäre es,
wenn du mit mir fliegst?
Zu zweit ist es
doch viel lustiger!"
Das lässt Pina Pinguin
sich nicht zweimal sagen.
Schnell klettert sie
auf Adrians Rücken.
„Festhalten!", ruft er.
Und los geht es.

Adrian fliegt höher und höher.
Er fliegt hin und her
und macht sogar
einen Überschlag.
Pina wird ein bisschen schwindlig.
Aber in ihrem Bauch
kribbelt es vor Glück.
„Höher! Höher!", jauchzt sie.
Also fliegt Adrian Albatros
noch höher in die Luft.
Sie fliegen durch dicke Wolken
und müssen sogar
einer Schar Zugvögel ausweichen.
Was für ein Abenteuer!,
denkt Pina überglücklich.

Mit einem Mal hat Pina Hunger.
Sie fragt Adrian:
„Wo gibt es denn hier oben
Fische?"
Der Albatros lacht und sagt:
„Am Himmel
gibt es keine Fische.
Die gibt es nur
unten im Wasser."
Also fliegen sie im Sturzflug
zurück zum Meer.
Elegant springt Pina
mit einem Kopfsprung
von Adrians Rücken
und taucht nach Fischen.
Die sind für sie und für Adrian.
Er kann nämlich nicht tauchen.
Dafür sind seine Flügel zu lang.

Wie froh ist Pina jetzt,
dass sie so kurze Flügel hat.
Noch glücklicher ist sie jedoch
über ihren neuen Freund.
Denn zu zweit ist es
wirklich viel lustiger.

 Warum kann Pina Pinguin
nicht fliegen?

Lösungen

Mit Vollgas über die Autobahn

Das Auto von Familie Rennmaus ist so langsam,
weil es mit Geschenken vollbeladen ist.

Der Familientausch

Fred Faultier ist den ganzen Tag
durch den Wald geflitzt,
deshalb ist er am Abend müde.

Eine einfache Lösung

Der Frosch kann nicht gut sehen.
Deshalb liest er ohne Brille alles falsch.

Der fliegende Pinguin

Pina Pinguin hat zu kurze Flügel,
um fliegen zu können.

Kleine Geschichten

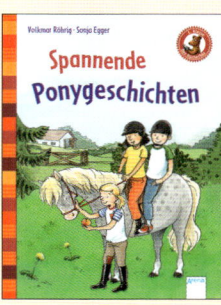

Spannende Pferdegeschichten
978-3-401-70847-8

Lustige Gespenstergeschichten
978-3-401-70167-7

Spannende Ponygeschichten
978-3-401-70906-2

Lustige Dinogeschichten
978-3-401-70563-7

Jeder Band: Ab 6/7 Jahren • **Kleine Geschichten** • Durchgehend farbig illustriert
48 Seiten • Gebunden • Format 15,9 x 21,1 cm

Mit Fragen zum Leseverständnis und Bücherbär am Lesebändchen

Zeilentrennung nach Sinneinheiten

Sehr einfache Textgliederung für das erste Lesejahr

Hoher Illustrationsanteil

Große Fibelschrift

> Darüber freuen sich die Zauberfeen.
> „Was machen wir nur mit Krawudiwa?
> Wir verzaubern sie auch ein wenig!"
> So tuscheln die Zauberfeen und erfinden einen Zauberspruch.
> Vor Krawudiwas finsterem Schloss rufen sie im Chor:
> „Krawudiwa, du schlimme Fee, sei ab sofort ein zahmes Reh!"
> Der Zauber von so vielen Feen wirkt natürlich sofort.
> Krawudiwa verwandelt sich in ein freundliches Reh.

34

Krawudiwa kann nie wieder ein Tier verzaubern.
Sie ist ja nun selbst eines!

Wer hilft Mümmel und Fauchzisch?

35

Innenseite aus »Zauberfeengeschichten«
ISBN 978-3-401-70087-8

Die kurzen Geschichten rund um ein beliebtes Thema sind besonders gut zum allerersten Selberlesen geeignet. Durch die klare Textgliederung und die vielen farbigen Illustrationen ist das Lesen leichter.

In Zusammenarbeit mit
westermann